La
Batrachomyomachie

ou le

Combat des Rats et des Grenouilles

Traduit d'Homère et illustré

PAR

EUGÈNE CHALON

PARIS

ALPHONSE LEMERRE, ÉDITEUR

23-31, PASSAGE CHOISEUL, 23-31

M DCCCCII

La

Batrachomyomachie

ou le

Combat des Rats et des Grenouilles

DU MÊME AUTEUR

La
Batrachomyomachie

ou le

Combat des Rats et des Grenouilles

Traduit d'Homère et illustré

PAR

EUGÈNE CHALON

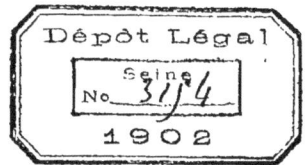

PARIS

ALPHONSE LEMERRE, ÉDITEUR

23-31, PASSAGE CHOISEUL, 23-31

M DCCCCII

PRÉFACE

Mon cher Henri,

AVEC *l'Iliade et l'Odyssée, Homère est l'auteur de poèmes moins renommés sans doute, mais souvent fort curieux et parfois plaisants et humoristiques.* Son poème à Mercure, *l'ode à Apollon, l'hymne à* Vénus, la Batrachomyomachie *sont de ce nombre. Dans ce dernier ouvrage surtout, le grand poète grec n'est plus lui-même; il nous apparaît sous un jour nouveau, sous un aspect qui, à tous les titres, mérite d'être étudié. C'est ce que j'ai essayé de faire.*

Tu sais que traduire une œuvre pareille n'était pas chose facile, et que la traduire en vers était plus difficile encore, surtout si l'on ne voulait pas trop s'écarter du texte. N'y cherche donc pas l'harmonie du rythme ni le sentiment de la période poétique. Aussi bien, cet ouvrage est un péché de jeunesse que mes loisirs m'ont permis de revoir et de corriger en l'âge mûr. J'y ai ajouté quelques dessins, espérant de cette manière le rendre plus attrayant.

Je désire que les exploits de mes héros t'intéressent, et que la lecture de ce petit volume plaise, amuse et procure un instant de distraction.

EUGÈNE CHALON.

La

Batrachomyomachie[1]

ou le

Combat des Rats et des Grenouilles

USE, accours à ma voix : daigne accorder ma lyre
Et m'inspirer des vers, en mon nouveau délire[2],
Dignes de mes guerriers, de leurs nobles travaux,
Et de combats fameux trace-nous les tableaux.
Redis-nous les hauts faits de cette race altière

----

1. Βατραχος, grenouille ; Μυς, rat ; Μαχη, combat.
2. Mot à mot : de nouveau, nouvellement inspiré.

Semblable aux fiers Géants, premiers nés de la Terre,
Abandonne le Pinde et ses riants vallons :
Module pour mes chants quelques-uns de tes sons,
Car je chante aujourd'hui des Grenouilles vaillantes
Et des Rats belliqueux les querelles sanglantes.
Je veux de leurs exploits instruire l'Univers,
Célébrer *Fleur des Eaux* [1] et *Joufflue* [2] en mes vers,
Inscrire ces grands noms au Temple de mémoire,
Dire de cent héros l'impérissable gloire,
Chanter *Avale-Tout* [3], ce rat si redouté,
Et parvenir moi-même à l'Immortalité.

Mais de ces longs combats, muse à la voix divine,
Raconte-nous d'abord quelle fut l'origine.

Un jour, mourant de soif, tout haletant, un rat

---

1. Υδρομεδουσης, reine des eaux, fleur des eaux.
2. Φυσιγναθος, qui a les joues enflées.
3. Μεριδαρπαξ, qui prend des portions tout entières.

Qui venait d'échapper à la griffe d'un chat,
S'approche d'un étang, et sa barbe légère
Est plongée aussitôt dans l'onde salutaire
Qu'il aspire ardemment et savoure à longs traits.
Une jeune grenouille, au milieu du marais,
Près de là bavardait, en se jouant sur l'onde.
— De la gent coassante on connaît la faconde. —
Elle aperçoit le rat et de l'interroger
Saisit l'occasion : « Jeune et bel étranger,
Dit-elle en s'approchant, quelle lointaine plage
Quittes-tu pour venir sur cet heureux rivage?
Qui t'a donné le jour? Dis-moi le nom des tiens,
Le sang dont tu descends, le pays d'où tu viens?
Si je trouve en ton cœur une amitié sincère,
J'ouvrirai pour toi seul ma porte hospitalière,
Tu pourras visiter mes états, mes palais,
Et t'asseoir à la table où t'invite la paix.
On me nomme *Joufflue :* en ces lieux je suis reine;
Sur ce lac, sur ces bords, j'agis en souveraine;
Ce peuple c'est le mien; je lui dicte mes lois,
Il m'honore, me craint et s'incline à ma voix.
Ma naissance est illustre. Étranger, j'ai pour mère

La noble *Fleur des Eaux* [1] et Pélée est mon père,
— Dont une mort trop prompte a brisé les destins. —
Je passai mon enfance en des pays lointains,
Car sur ses bords fleuris *l'Éridan* [2] me vit naître.
Mais toi, quel est ton rang? Parle. Fais-moi connaître
Les exploits de ta race. A ta noble beauté,
A ta taille superbe, à cet air de fierté,
Tu dois, par Jupiter, régnant comme moi-même
Sur un peuple puissant, porter le diadème.
— Ma mie, ignores-tu le nom de mes aïeux,
Répond le jeune rat : les mortels et les dieux
Et les oiseaux du ciel ne savent que ma race...
Pille-Miette [3] est mon nom, et ma naissance efface
Tout ce que l'Univers eut jamais de plus grand.
Du fameux *Ronge-Pain* [4] je suis le descendant;
Cet illustre guerrier, l'orgueil de ma famille,

1. Πηλεύς, qui habite dans la fange.
2. Éridan, nom ancien du Pô, fleuve d'Italie.
3. Ψιχάρπαξ, qui ravit les miettes.
4. Τρωξάρτης, mangeur de pain.

Du roi *Croque-Jambon* [1] jadis aima la fille,
La chaste *Lèche-Meule* [2], à qui je dois le jour.
Élevé par ma mère au milieu de sa cour,

Dans une grotte humide et de fleurs parsemée,
Je fus nourri de miel, et la figue embaumée
Et le pois sec étaient servis à nos festins.

1. Πτερνογλυφος, creuse-jambon.
2. Λειχομυλίς, lèche-meule.

2

Mais quels liens, ma chère, uniraient nos destins?
De la tienne, en effet, ma nature diffère;
Tu croupis dans les eaux, mais moi, belle étrangère,
Ressemblant aux mortels, comme eux je me nourris,
Et je mange comme eux les pains trois fois pétris
Que l'esclave leur offre dans de riches corbeilles,
Le miel aux reflets d'or cueilli par les abeilles;
Je goûte leurs gâteaux de farine et de lait,
Les tranches de jambon à l'enivrant attrait,
Le foie assaisonné, le suave fromage;
De tous leurs mets enfin comme eux je fais usage.
Pille-Miette, non plus, n'a jamais ressenti
Les tourments de la peur, et dès qu'a retenti
Le signal du combat, par Ajax et Pélée,
Je suis au premier rang, au fort de la mêlée.
Je pourrais te citer des traits de ma valeur;
Je m'approche de l'homme, audacieux rongeur,
Et lui mords le talon, ce pendant qu'il sommeille,
Et si, de mon exploit surpris, il se réveille,
Je ris de son courroux... Mais, faut-il le nier?
Deux animaux pour moi, le chat et l'épervier,
Sont la cause incessante et de deuils et de larmes;

Puis les filets encor sont des sujets d'alarmes ;
Mais le chat, c'est le chat que je crains, que je hais
Et plus que l'épervier et plus que les filets.

Redoutable ennemi, jusque dans nos demeures
Le chat vient nous guetter : prêt à toutes les heures
De la nuit et du jour, le traître nous surprend.
Mais je ne me nourris ni d'un chou répugnant
Ni d'une courge fade ou de menthe sauvage ;
La rave me dégoûte... et, dans ce marécage,
Sans doute, ces mets seuls composent vos repas ;

Peut-être aussi la bette...

— Oh! si nous n'avons pas
Ces mets par toi vantés, dit avec un sourire
La grenouille *Joufflue* au rat, mon vaste empire
Contient d'autres beautés et d'aussi grands trésors :
Dans cette eau si limpide et sur ces joyeux bords
Nous avons des palais, des grottes de verdure,
Car Dieu nous a fait don d'une double nature ;
Nous, semblables à toi, sur terre nous vivons,
Nous marchons comme vous, comme vous nous pouvons
Respirer les parfums de la brise qui passe,
Les fleurs, l'air, le soleil. Si le danger menace,
Les eaux comme un rempart savent nous protéger.
Mais, dis-le moi, veux-tu, jeune et bel étranger,
Venir dans mes états? Loin des rives profondes,
Mon dos te soutiendra; je vais fendre les ondes
Et jusqu'en mon palais te porter sur les flots. »

Elle dit et soudain lui présente son dos.

Il y saute joyeux; il serre avec tendresse
Le corps de la grenouille, et doucement il presse
Et son sein amoureux et son cou délicat.
— La chose était assez nouvelle pour un rat. —
Tous deux alors gaiement s'éloignent du rivage.
Pille-Miette d'abord sourit à ce voyage.
Mais bientôt le flot monte... Adieu, plaine, guérets,
Rivage, champs aimés! Inutiles regrets!
Il voudrait retourner vers le bord qu'il réclame;
Il agite tremblant, comme eût fait une rame,
Sa queue aux poils épais par l'onde appesantis.
Il s'attache à *Joufflue*, à ses flancs arrondis,
Et, redoutant la vague et ses assauts humides,
Retire et veut cacher sous lui ses pieds timides.
Il soupire, il gémit; il invoque les dieux
Et dans son désespoir s'arrache les cheveux.
Mais le flot grossissant redouble ses alarmes,
Et des cris, des sanglots entremêlés de larmes,
S'échappent de son sein par la crainte agité.
Sans espoir il se sent vers l'abîme emporté
Lorsque, dans ses tourments, une riante idée
Chasse un instant la peur de son âme troublée:

« C'est ainsi, se dit-il, que le divin Taureau
Portait sur son épaule un précieux fardeau
Quand, nageant vers la Crète et sa rive fertile,
Il enlevait Europe; ainsi, d'un pied agile,

Je vois nager *Joufflue* à travers cet étang,
Et c'est moi qu'elle enlève, et c'est moi son amant.
J'aspire le parfum des brises caressantes
Et je domine au loin les vagues blanchissantes... ».
Tout à coup, ô terreur, un serpent monstrueux
Au milieu du marais se présente à leurs yeux;

Son long cou tortueux sur la vague se dresse ;
La reine l'aperçoit... Oubliant sa promesse
Et les devoirs sacrés de l'hospitalité,
Elle plonge, et le rat dans l'abîme est jeté.
Son beau corps vient rouler sous la vague écumante ;
Il frémit de colère, et d'une main tremblante
Se débattant en vain, il repousse le flot
Qui dans l'étang profond le replonge aussitôt.
De fuir le noir destin un vain désir l'anime,
Ses poils tout alourdis l'entraînent dans l'abîme.
Et, soulevant la tête en un dernier effort :

« N'espère pas, dit-il, après ma triste mort,
Échapper à nos dieux et braver leur colère.
Me faire ainsi mourir... Mais, là, sur cette terre,
Sur la terre où je vis, ah ! ne devais-tu pas
Plutôt me provoquer à la course, aux combats ?
Me confiant en toi, lâche et cruelle reine,
J'abandonnai le bord, et me trompant sans peine,
De ton dos recourbé, dans ce fangeux étang,
Ainsi que d'un rocher, tu me plonges mourant.

Je vous invoque, dieux des Vengeances trop lentes,
Et vous, Divinités de l'Olympe habitantes,
Et vous, mes compagnons, armez, armez vos bras,
Punissez cette race et vengez mon trépas! »
A ces mots il expire...

                                   Aussitôt l'Immortelle
Messagère des dieux va porter la nouvelle
Dans l'empire des rats. Au fond de tous les cœurs
Vengeance, effroi, colère et leurs sombres fureurs
Bouillonnent. Des hérauts la foule désolée
Dans le palais du roi convoque l'assemblée.
Les ministres, les grands, les sages de la cour
A la hâte, au palais, viennent au point du jour.
Dans le conseil des rats règne un morne silence
Qui cache la tempête. Avec impatience
Vers le roi *Ronge-Pain* se tournent tous les yeux.
Du trépas de son fils le prince furieux,
Soudain en rugissant sur son trône se lève...

« Une lâche grenouille à notre amour enlève,
Mon tendre et noble fils : son beau corps sur les eaux
Flotte sans sépulture au milieu des roseaux.
Ce coup me frappe seul, mais un destin semblable

Nous est commun à tous. Cette race exécrable,
Comme celle des chats, par un piège trompeur,
Conspire notre mort... Ah! plaignez ma douleur...
Hélas! j'avais trois fils ; mais un vieux chat sauvage,
Sautant sur le premier, l'immola dans sa rage,

Un matin que, joyeux et riche d'avenir,
De son trou protecteur il venait de sortir.
Le second de mes fils, épouvantable crime,

Des hommes trop cruels fut la triste victime;
Dans un engin perfide et sans doute nouveau,
Nommé souricière, au tendre souriceau
Ils ôtèrent le jour. Mais j'étais encor père...
Il me restait un fils... *Pille-Miette...* et sa mère

La chaste *Lèche-Meule* avait, depuis ce jour,
Sur son enfant chéri reporté son amour.
Une grenouille, race à jamais ennemie,
En le plongeant sous l'onde a brisé cette vie
Qui de mon trône, un jour, devait être l'espoir.
Venez, amis, venez. Servez mon désespoir
Et vengez votre Roi. Courons punir l'outrage
De ce peuple parjure, et, dans son marécage,
De nos coups redoublés qu'il sente la valeur! »

Ronge-Pain, par ces mots, enflammant leur ardeur,
A s'armer aussitôt sans peine les décide.
Le redoutable Dieu de la guerre y préside
Et les arme lui-même. Un brodequin fermé
Et de cosses de pois habilement formé,
Entoure de leurs pieds les formes élégantes.
Ils fabriquent aussi des cuirasses brillantes
Avec des chalumeaux par du cuir attachés,
Dépouille de deux chats qu'ils avaient écorchés.
Ils choisissent pour lance une aiguille acérée
Que le terrible Mars lui-même a préparée.

4

Des coquilles de noix, récolte de la nuit,
Et que l'art, à la hâte, en casques convertit,
Pressent leurs larges fronts et protègent leurs tempes :
Leurs boucliers seront des couvercles de lampes.
Ainsi s'arment les rats.

              Le bruit de leurs apprêts
Se répand aussitôt jusqu'au fond des marais.
De tous côtés déjà l'épouvante est semée,
On entend les clameurs de la foule alarmée ;
Ce ne sont que des cris, de longs coassements.
Pour qui sont ces appels ? Pourquoi ces armements ?
D'où vient ce bruit de guerre ?

                Alors, près de la rive,
Le sceptre entre les mains, un héraut leur arrive.
C'était *Fouille-Marmite* [1] : « O grenouilles ! les rats
S'apprêtent en ce jour à venger le trépas
De leur prince chéri dont le corps, sur la plage,
S'étend inanimé ; de cet infâme ouvrage

---

1. Ἐμϐασίχυτρος, qui saute dans la marmite.

Commis par votre reine ils sauront vous punir.
Au nom du divin Mars, prêt à les secourir,
Je viens, peuple félon, te déclarer la guerre! »

Ce discours menaçant chez la gent grenouillère
A causé tout d'abord une folle terreur.
Mais la crainte bientôt fait place à la fureur,
Et le peuple assemblé, que la colère entraîne,
De la perte du rat vient accuser la reine.

« De ce crime, dit-elle, ils m'inculpent à tort:

Non, non, ce n'est pas moi qui lui donnai la mort...

Il voulait, dans ces joncs, sur la rive profonde,

Se livrer à nos jeux et, sans doute, sur l'onde

Comme nous s'élancer, mais un juste trépas

A puni son audace. Et c'est moi que les rats

Accusent aujourd'hui, moi qui suis innocente!

Amis, que cette race et traîtresse et méchante

Soit détruite à jamais. Armons-nous sans retard;

En ordre rangeons-nous, comme dans un rempart,

Sur ces bords escarpés; quand la tourbe importune

De ces rongeurs maudits paraîtra, que chacune

En prenne un par la patte et nous l'entraînerons

Sous la vague profonde où nous l'étoufferons.

Puis, des rats immolés, après notre victoire,

Nous ferons un trophée, et par des chants de gloire

Des danses, des festins et des hymnes pieux,

Nous irons remercier Jupiter et nos dieux. »

Ce discours de leur cœur a chassé les alarmes

Et toutes aussitôt se couvrent de leurs armes.

Afin de garantir leurs bras et leurs genoux,

— Car il faudra parer de redoutables coups, —

Elles prennent d'un chou les feuilles préparées.

L'une en cuirasse épaisse arrange des poirées

Ou des morceaux de courge et des cosses de pois.

L'autre d'un jonc aigu pour sa lance fait choix.

De gros colimaçons les coquilles légères

Comme un casque d'airain couvrent de nos guerrières

Et la tête et le cou. Ces apprêts achevés,

Elles vont se ranger sur les rocs élevés

Qui du vaste marais dominent le rivage;

L'attente du combat excite leur courage;

Par des propos divers provoquant l'ennemi

Elles choquent leur lance et l'air en a gémi!

Mais Jupiter, du haut de la voûte étoilée,

Contemplait en riant cette foule assemblée

S'apprêtant au combat, ces deux peuples fameux.

En des temps plus anciens, c'est ainsi que comme eux

Centaures et Géants se déclaraient la guerre.

Il convoque les dieux : « Qui de vous sur la terre,
Voudra secourir les grenouilles ou les rats ?
De ces fiers combattants, Pallas, n'iras-tu pas
Prendre la défense, eux, dont la troupe nombreuse

Dans tes temples célèbre, et fidèle et joyeuse,
Les fêtes, les plaisirs, et, comme les mortels
Vient s'y nourrir des mets qui couvrent tes autels ?
Vont-ils être détruits dans cette horrible guerre ?

— Jamais, répond Pallas, non jamais, ô mon père,

Je ne veux les défendre... Aller les secourir !
Ah! des maux qu'ils m'ont faits je garde souvenir.
N'ont-ils pas dévasté mes couronnes brillantes;

Par eux l'huile a tari dans mes lampes mourantes.
Et n'ont-ils pas rongé tous mes voiles, enfin,
Par moi-même tressés du chanvre le plus fin ?
Il m'a fallu trouver un ouvrier habile
Pour les raccommoder; travail fort difficile
Dont il veut le paiement et de gros intéréts;
J'ai dû faire un emprunt et signer des billets.

Protéger ces pillards !... qu'ils n'osent y prétendre !
Les grenouilles, non plus, je ne veux les défendre.
Je me souviens qu'un jour, après de longs combats,
De fatigue accablée et dirigeant mes pas
Vers la forêt prochaine, à l'ombre du feuillage
Je cherchais le repos ; mais en un marécage,
— Je ne pourrai jamais oublier ces tourments, —
Des grenouilles poussaient d'affreux coassements ;
Le sommeil bienfaisant avait fui ma paupière,
Ma tête était en feu. Je restai sur la terre
Jusqu'à l'heure où le coq matinal, par son chant,
M'annonça que s'ouvraient les portes d'Orient.
Ni l'un ni l'autre ici n'obtiendra mon égide.
Laissez-les s'égorger... que le sort en décide !
Et... ne craignez-vous pas le redoutable trait
De ces ardents guerriers ? Mais un dieu ne saurait
Empêcher du combat les chances inflexibles.
Amusons-nous plutôt, spectateurs invisibles,
A suivre ces héros depuis le haut des cieux. »

Le Maître de la terre ainsi que tous les dieux

Approuvent ce discours.

Messagers de Bellone,

A l'instant deux hérauts dont le clairon résonne,

Annoncent aux guerriers le moment solennel.

Large-Gueule [1] d'abord frappe d'un coup mortel

Lèche-Queue [2] illustré jadis par sa vaillance.

---

1. Υψιβοας, qui a une large gueule, qui crie fort.

1. Λειχνοραξ, qui lèche les hommes, le lécheur.

Le ventre est traversé par son énorme lance.

La rage dans le cœur, il meurt au premier rang

Et son corps est souillé de poussière et de sang.

Par *Perce-Vite* [1] alors *Barboteuse* [2] est blessée.

D'un trait rapide et sûr sa poitrine percée

Laisse échapper son sang; en un dernier effort

Elle lève les bras : les ombres de la mort

Couvrent déjà ses yeux; elle tombe, et la terre

Retentit sous le poids du corps de la guerrière.

Croque-Poirée [3] atteint *Fouille-Marmite* au cœur.

De *Bruyante* [4] le rat *Grippe-Lard* [5] est vainqueur.

Plus loin *Fleur-de-Marais* [6] accourt : vers *Perce-Vite*,

La menace à la bouche, elle se précipite,

Puis s'arrête en voyant le guerrier s'approcher

Et lui lance avec force un énorme rocher

---

1. Τρωγλοδυτος, qui habite, qui perce les trous, les cavernes.
2. Πηλοϐατης, marchant dans la boue.
3. Σευτλαιος, se nourrissant de poirée.
4. Κραυγασιδης, qui crie sans cesse.
5. Πτερνοτρωτος, mangeur de lard.
6. Λιμνοχαρις, ornement, fleur des marais.

Qui siffle en tournoyant plus prompt que la tempête,
Perce le bouclier et va frapper sa tête :
Il tombe, perd son sang, pousse encore un soupir,
Et d'un dernier sommeil la mort vient l'endormir.
Elle périt bientôt sous la lance sanglante
Du fameux *Ronge-Pain*. A cet aspect, tremblante,
Fleur-de-Poireau [1] veut fuir la fureur du héros
Et d'un marais voisin s'élancer dans les flots,
Mais le trépas l'attend et le trait qu'elle évite
Fendant l'air avec bruit l'arrête dans sa fuite ;
Elle pâlit, chancelle et roule dans l'étang :
Le flot qui la reçoit se rougit de son sang
Et repousse son corps mourant sur le rivage.
Gloutonne [2] l'invincible atteint *Croque-Fromage* [3]
Et lui perce le bras. Autour de lui, le roi
Creuse-Jambon semait la terreur et l'effroi ;

---

1. Πρασσοφαγος, qui mange les poireaux.
2. Λειμαργος, gloutonne.
3. Τυρογλυφος, croque-fromage, creuse-fromage.

Aquatique [1] l'a vu : d'une course rapide
Elle esquive ses coups et sous la vague humide
Disparaît en jetant au loin son bouclier.
Grâce-des-Eaux [2] de pied ferme attend le guerrier.
Déjà plus d'un combat a prouvé sa vaillance.
Elle saisit un roc, le soulève et le lance
A la tête du rat : avec ses os meurtris
De son royal cerveau s'échappent les débris.
Non loin, frappée au cœur, *Marécageuse* [3] expire.
Algue-Verte la belle envoie au sombre empire
Le rat *Cherche-Rôti* [4] ; comme en de puissants nœuds
Elle saisit ses pieds avec ses bras nerveux :
En vain il se débat sous l'effort qui l'enchaîne,
Dans l'abîme entr'ouvert la grenouille l'entraîne.
Pille-Miette des siens veut venger le trépas ;
Au fort de la mêlée il dirige ses pas.

---

1. Καλαμινθιος, qui se plaît dans les roseaux, dans les marais.
2. Ὑδροχαρις, ornement, grâce des eaux.
3. Βορβοροχαιτης, qui vit dans les étangs.
4. Κνισσοδιωχης, à l'affût de la viande rôtie, de la graisse.

Attaquant *Limoneuse* [1] un instant poursuivie,
D'un coup il lui ravit la parole et la vie.
Reine-des-Eaux échappe à la mort qui l'attend
En lançant au guerrier la vase de l'étang
Qui l'aveugle en rendant impuissante sa rage.
Pille-Miette a juré de punir cet outrage.
Tout tremble à son aspect. Saisissant tout à coup
Une pierre, il la lance et brise le genou
De la grenouille; au bord du marais elle tombe.
Son sang coule à longs flots, bientôt elle succombe.
Voix-Aiguë [2] accourant cherche à venger sa mort;
Son redoutable trait part, traversant le corps
Du fougueux *Lèche-Plat* [3] qui roule en la poussière,
Ses viscères sanglants s'échappent sur la terre.
Un guerrier qui venait au bras d'être blessé,
— *Pique-Assiette* est son nom — saute dans un fossé
En voyant arriver l'ardente *Voix-Aiguë*.

---

1. Πηλειωνης, qui cherche la vase.
2. Πολυφωνος, qui coasse beaucoup.
3. Λειχοπιναξ, qui lèche les plats.

Le bouillant *Ronge-Pain* frappe au talon *Joufflue;*
Elle fuit entraînant le fer du javelot

E. Chalon

Enfoncé dans la plaie, et s'élance aussitôt
Dans les joncs du marais qui lui servent d'asile

Et brave ainsi du rat la colère inutile.

Témoin de ce combat, la jeune *Vert-Poireau* [1]

Empoignant à deux mains un énorme roseau

Bondit sur *Ronge-Pain* en agitant sa lance

Et ses yeux enflammés respirent la vengeance;

D'un bras trop faible encore elle atteint le guerrier,

Et le jonc impuissant s'arrête au bouclier.

Non loin *Avale-Tout*, qu'anime le carnage,

Jusqu'aux bords du marais va porter le ravage.

C'était un jeune rat, descendant renommé

Du sage *Mord-au-Pain* [2] entre tous chef aimé,

Qui pendant le combat s'était couvert de gloire.

Aux siens il a juré de donner la victoire

En les encourageant du geste et de la voix.

Les grenouilles alors l'attaquent à la fois;

Mais gagnant à la hâte une hauteur voisine,

Soudain, comme un torrent descend de la colline,

Il tombe en rugissant sur les rangs ennemis,

---

1. Πρασσαιος, qui se nourrit de poireaux.
2. Αρτοφάγος, mangeur de pain.

Les brise et dans l'étang les jette anéantis.

Du peuple coassant la perte était certaine
Si le Dieu souverain n'eût porté sur la plaine
Un regard de bonté. D'un signe de ses yeux
Il fait trembler l'Olympe et s'adressant aux dieux
Rangés autour de lui pour sa cour éternelle
Il prononce ces mots d'une voix solennelle :

« Mes fils, vous le voyez, de terribles combats
Entre deux rois rivaux se livrent ici-bas ;
Sous les coups d'un grand chef une puissante armée
S'enfuit dans les marais, détruite, exterminée.
Un peuple tout entier ne peut pourtant périr
Abandonné des dieux : on doit le secourir.
A leur aide, il le faut, envoyons sur la terre
Et le terrible Mars et Pallas la guerrière :
Peut-être que les deux unissant leur valeur
Pourront... de ces héros apaiser la fureur.

— Pallas et moi, dit Mars, à venger leur défaite
Nous sommes impuissants; d'une perte complète
Ce peuple est menacé, si, protégeant ses jours,
Tout l'Olympe, à l'instant, ne vole à son secours,
Ou si toi, Jupiter, touché de leur détresse,
Tu ne lances sur eux ta foudre vengeresse
Qui jadis renversa les superbes Titans,
Fit périr Encelade et frappa les Géants. »

Il dit, et tout à coup, le Maître de la terre
A fait avec fracas éclater son tonnerre.
Le trait de l'Immortel dans sa main renfermé
S'échappe en ébranlant tout le ciel enflammé,
Les combattants frappés d'une terreur subite
Pour chercher un abri prennent alors la fuite
Dans les creux des rochers, dans les joncs, sous les eaux.
Mais bientôt sont formés des bataillons nouveaux,
Et l'espoir du succès ranime leur courage.
Avale-Tout accourt, aux siens soufflant sa rage,
Et plus sanglant après, le combat se poursuit.

7

Les coups sont plus nombreux et la mort qui les suit
Dans sa sombre furie envoie aux noirs abîmes
Pour l'avare Achéron d'innombrables victimes.

Les rats ont triomphé : dans un désordre affreux
Déjà de tous côtés, vers les marais fangeux,
Nos héros ont fait fuir et périr les grenouilles,
Et fiers de leur victoire ont ravi leurs dépouilles,
Quand le Maître du ciel, les prenant en pitié,
Envoie à leur secours un puissant allié,
Soldats à la démarche oblique, tortueuse,
Et portant sur le dos une enclume rugueuse.
Leur serre est recourbée ; ils ont au lieu de dents,
Dans leurs bouches, de forts et dangereux tranchants,
Arme qui n'a jamais failli dans la bataille.
Le reste de leur corps est couvert d'une écaille ;
Ils sont privés de mains et marchent sur huit pieds.
Ecrevisse est le nom qu'on donne à ces guerriers.
Aux flots impétueux de l'océan semblables
Ils courent sur les rats. Leurs pinces formidables
Déchirent et la queue, et les mains, et les pieds

Des rats épouvantés, brisent leurs boucliers,
Leurs lances et leurs traits, arrachent leurs armures,
Et sans crainte leur font de mortelles blessures.
Tous nos guerriers alors, glacés par la terreur,
Sourds aux ordres des chefs, à la voix de l'honneur,
Ont fui de tous côtés.

Mais déjà la lumière
De l'astre étincelant terminait sa carrière,
Et la Nuit descendant au terrestre séjour
Mit fin à ce combat qui ne dura qu'un jour[1].

---

1. Μονοημερος εξετελεσθη. Et cette image de la guerre, ce jeu de la guerre fut terminé en un seul jour.

Achevé d'imprimer

le dix-sept mai dix-neuf cent deux

PAR

ALPHONSE LEMERRE

6, RUE DES BERGERS, 6

A PARIS

o. — 3806.

www.ingramcontent.com/pod-product-compliance
Lightning Source LLC
LaVergne TN
LVHW020055090426
835513LV00029B/948